Inhaltsverzeichnis

Zusätzliche Angebote:

Vorbemerkungen / Hinweise zu den Angeboten

Freunde und Freundschaften sind ein wichtiges Thema für Kinder. Dies wird besonders in der ersten Klasse wieder sehr aktuell, da die Kinder hier oftmals von ihren Kindergartenfreunden getrennt werden und neue Freundschaften schließen müssen. Das beliebte Bilderbuch „Freunde“ von Helme Heine bietet sich daher an, um das Thema „Freundschaft“ und die Bedeutung von Freunden aufzugreifen. Durch die Thematisierung, was Freunde sind bzw. was einen guten Freund ausmacht, eignet sich das Bilderbuch zudem gut, um in das Lehrplanthema „Soziales Lernen“ einzusteigen.
Das Literaturprojekt ist fünffach differenziert und kann so bereits nach wenigen Schulwochen eingesetzt werden, da es jedes Kind dort abholt, wo es steht – von keinen oder sehr basalen Lesefähigkeiten über das Lesen erster Wörter und Sätze bis hin zum ersten selbstständigen Lesen und Schreiben von Texten. Die erste Differenzierungsstufe kommt dabei sogar vollständig ohne Schriftsprachkenntnisse aus und bietet Ihnen einfache Motorik- und Wahrnehmungsübungen, die insbesondere schwächeren Kindern mit erhöhtem Förderbedarf (Inklusion) zum Bilderbuch passende Aufgabenstellungen zur Verfügung stellt. Mit Hilfe der Arbeitsblätter beschäftigen sich so alle Kinder mit den Inhalten des Buches – ob ohne Schrift, mit Anlauten, ersten Wörtern oder ganzen Sätzen.
Des Weiteren bietet Ihnen das Literaturprojekt auf das Vokabular des Bilderbuches abgestimmte Zusatzangebote zum Wortschatz und zum kreativen Schreiben, vielfältige Arbeitsblätter zu den Themen des Buches (Freundschaft, Bauernhoftiere), zum Autor und zur Förderung der Wahrnehmung und Konzentration. Ein gemeinsames Kunstprojekt, das in Partnerarbeit durchgeführt werden kann, und bei welchem die Kinder spielerisch die verschiedenen Werkzeuge und Materialien des Kunstunterrichts entdecken und kennenlernen können, rundet das Projekt ab.

Das Bilderbuch wurde im Literaturprojekt in fünf Leseabschnitte unterteilt:

Leseabschnitt	**Inhalt Bilderbuch**
Leseabschnitt 1:	Die drei Freunde – Einstieg (S. 1–4)
Leseabschnitt 2:	Am Dorfteich – Aktivitäten der Freunde (S. 5–12)
Leseabschnitt 3:	Die drei Freunde haben Hunger (S. 13–18).
Leseabschnitt 4:	Die drei Freunde fahren nach Hause und schwören sich ewige Freundschaft (S. 19–22).
Leseabschnitt 5:	Die drei Freunde probieren verschiedene Übernachtungsmöglichkeiten aus und träumen voneinander (S. 23–28).

Das Literaturprojekt bietet zu jedem Leseabschnitt fünf Arbeitsblätter in verschiedenen Schwierigkeitsstufen. Der Schwierigkeitsgrad des jeweiligen Arbeitsblattes ist durch Tierköpfe gekennzeichnet.

Voraussetzungen für die jeweiligen Schwierigkeitsstufen sind dabei:

1. Differenzierungsstufe ( ): Die Kinder benötigen keine Voraussetzungen bezogen auf den Schriftspracherwerb.
2. Differenzierungsstufe ( ): Die Kinder sollten schon einige Buchstaben sicher beherrschen und das Schleifen der Laute zu Silben und ersten Wörtern verstanden haben.
3. Differenzierungsstufe ( ): Die Kinder sollten Wörter und kleine Sätze erlesen können. Sie sollten eigene Ideen zeichnerisch und mit ersten Wörtern oder sogar kleinen Sätzen zu Papier bringen können.
4. Differenzierungsstufe ( ): Die Kinder sollten auch komplexere Wörter und einfache Sätze erlesen und verstehen können. Es sollte ihnen keine Schwierigkeiten bereiten, eigene Gedanken zu verschriftlichen.

5. Differenzierungsstufe (🐷 🐥 🐭 🐱 🐮): Die Kinder sollten Sätze und Texte erlesen und inhaltlich mit ihnen umgehen können. Es sollte ihnen keine Schwierigkeiten bereiten, eigene Gedanken in Sätzen zu verschriftlichen.

Die Zusatzangebote ab S. 30 können zum Beispiel als zusätzliches Material für schnelle Kinder, zur individuellen Förderung Einzelner, als Hausaufgabe oder zur Vertiefung einzelner Themen des Buches eingesetzt werden.

Allgemeiner Hinweis zu Malaufgaben und den Arbeitsblättern der ersten Differenzierungsstufe:
Je nach Leistungsvermögen der Kinder können diese (nach der Bearbeitung des Arbeitsblattes/der Malaufgabe) aufgefordert werden, mit Hilfe einer Anlauttabelle einzelne Anlaute oder Wörter zu den Gegenständen auf dem Bild zu schreiben.

Zum Leseabschnitt 4:
Beim Lesen dieses Abschnittes sollte mit den Kindern der Satz „Die Schatten werden länger als sie selbst." dahingehend thematisiert werden, wann und warum die Schatten länger werden.

Zu Leseabschnitt 5:
Im Anschluss an die Bearbeitung der Arbeitsblätter der Differenzierungsstufen 2–5 sollten alle Kinder das Arbeitsblatt der 1. Differenzierungsstufe erhalten und ebenfalls einen Traum malen.

Zu „Wörterwerkstatt / Wortspeicher", S. 31:
Die Wörterwerkstatt übt zusätzlich wichtige Ganzwörter, die als Bildkarten und Wortkarten angeboten werden. So können auch schwächere Kinder an die Schriftsprache herangeführt werden: Indem sie sich die Wörter in Kombination mit Bildern ansehen, prägt sich das Schriftbild als Ganzes ein.
Mit Hilfe der Bild- und Wortkarten können Sie auch verschiedene Zuordnungsspiele, wie zum Beispiel Memo-Spiel, spielen. Dabei werden immer eine Bildkarte und eine Wortkarte umgedreht und die Wortkarte wird laut vorgelesen. Alternativ hängen Sie die Bildkarten, vergrößert kopiert, an der Tafel aus und ordnen die Wortkarten scheinbar falsch zu. Die Kinder müssen die „Fehler" finden und verbessern.
Kinder, die Deutsch als Zweitsprache lernen, können die Wortkarten auf ein Blatt kleben und den jeweiligen Artikel (der, die, das) dazuschreiben.
Die Bilder und die dazugehörigen Wörter können auch hochkopiert und für alle Kinder gut sichtbar im Klassenraum ausgehängt werden. Auf diesen entstandenen Wortspeicher können die Kinder dann bei der Arbeit mit dem Buch immer wieder zugreifen.

Zu „Kreatives Schreiben (1): Freunde und Familie", S. 32:
Diese Form des freien Schreibens in einem vorgegebenen Rahmen ist besonders gut für schwächere Kinder oder Kinder, die Deutsch als Zweitsprache lernen, geeignet, da sie hier eigene Gedanken zu einem vorgegebenen Thema ausdrücken können und gleichzeitig den deutschen Satzbau üben und verinnerlichen.

Zu „Interview: Das ist mein Freund / meine Freundin", S. 35:
Im Idealfall darf jedes Kind hier ein Interview mit seinem Freund führen und umgekehrt. Je nach Situation in der Klasse, wenn Sie zum Beispiel viele neue Kinder oder Außenseiterkinder haben, können Sie die Pärchen auch vorab zuteilen und jedes Kind arbeitet zum Beispiel mit seinem Banknachbarn.
Alternativ kann das Spiel auch im Sinne von „Wie gut kenne ich meinen Freund / meinen Banknachbarn?" gespielt werden. Dazu falten die Kinder das Blatt in der Mitte nach hinten. In die obere Karte schreiben sie dann ihre Vermutungen darüber, was ihr Freund mag. Im Anschluss wird der Freund interviewt und die Ergebnisse werden in die untere Karte eingetragen. Dann wird verglichen – wie viele Übereinstimmungen gibt es?

Mein Lese-Begleit-Heft zu:

Freunde

von Helme Heine

Name: ______________________________

Klasse: ______________________________

Name: ______________________ Datum: ______________

Freunde

Abschnitt 1

1. Die drei Freunde fahren mit dem Fahrrad.
   Spure mit dem Finger nach.
   Male nach.

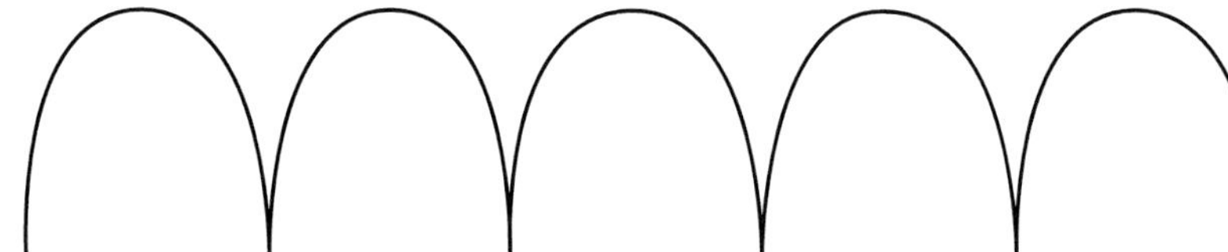

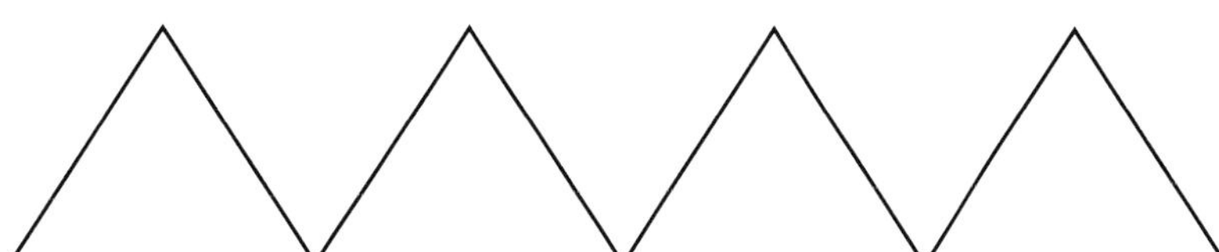

2. Welche Tiere sind die drei Freunde?
   Male die richtigen Tiere an.

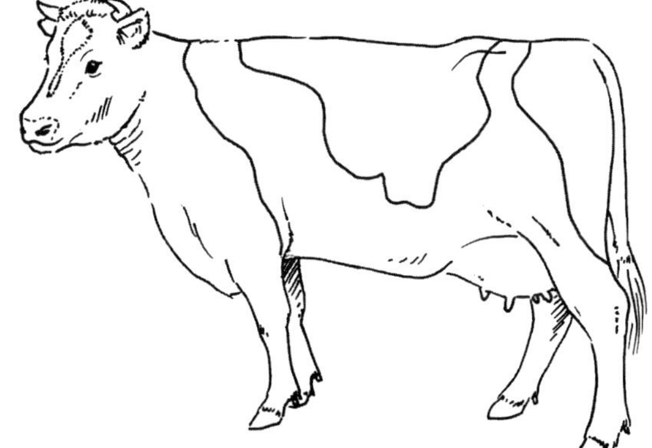

Name: ____________________ Datum: ____________

Die drei Freunde

Abschnitt 1

1. *Freunde* beginnt mit einem F.
   Wo hörst du das F?
   ☒ Kreuze an.

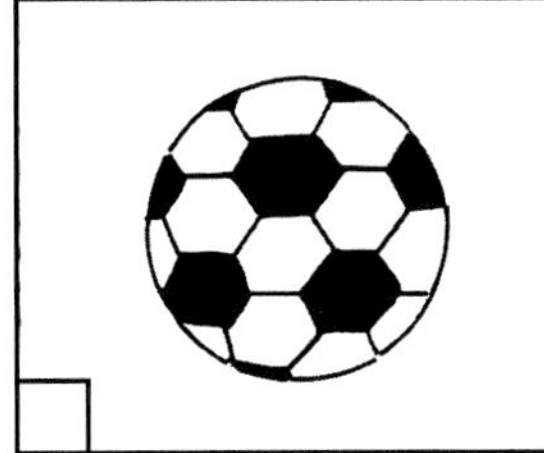

2. Welchen Anlaut hörst du?
   Verbinde.

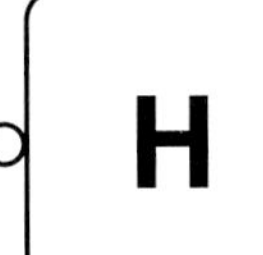

3. Wie heißen die drei Freunde? Welchen Anlaut hörst du?
   Male an.

J

W

B

Z

Name: ______________________ Datum: ______________

Das sind die drei Freunde

Abschnitt 1

1. Wie heißen die drei Freunde?
   Schreibe.

2. Suche dir einen der drei Freunde aus.
   Beschreibe ihn.

3. Mein Freund/Meine Freundin heißt:

Name: ______________________ Datum: ____________

Drei Freunde

Abschnitt 1

1. Das sind die drei Freunde.
   Lies die Sätze.
   Male an.

Waldemar ist rosa.
Johnny Mauser ist grau.
Franz von Hahn ist weiß. Sein Schnabel ist gelb.
Sein Kamm auf dem Kopf ist rot.
Seine Schwanzfedern sind gelb, orange, grün, hellblau, blau und lila.

2. Lies. Was fehlt?
   Male und schreibe.

   Die drei Freunde fahren auf einem  .

3. Wie heißt dein Freund oder deine Freundin?
   Schreibe auf.

Name: ______________________ Datum: ____________

Drei Freunde auf dem Bauernhof

Abschnitt 1

1. Lies und schreibe die fehlenden Wörter auf.

Die Freunde leben auf einem ______________________.

Der Hahn heißt ______________________.

Die Maus heißt ______________________.

Das Schwein heißt ______________________.

Die Freunde fahren auf einem ______________________.

2. Wie heißt dein Freund / deine Freundin?
Schreibe auf.

____

3. Schaue dir das Bild an.
Beschreibe, wie die Freunde Fahrrad fahren.
Schreibe auf ein Blatt.

Tipp: Du kannst auch das Bild ausschneiden und dazukleben.

Name: ______________________ Datum: ______________

Abenteuer

Abschnitt 2

1. Die drei Freunde erleben viel zusammen.
   Schaue genau.
   ☒ Kreuze das gleiche Bild an.

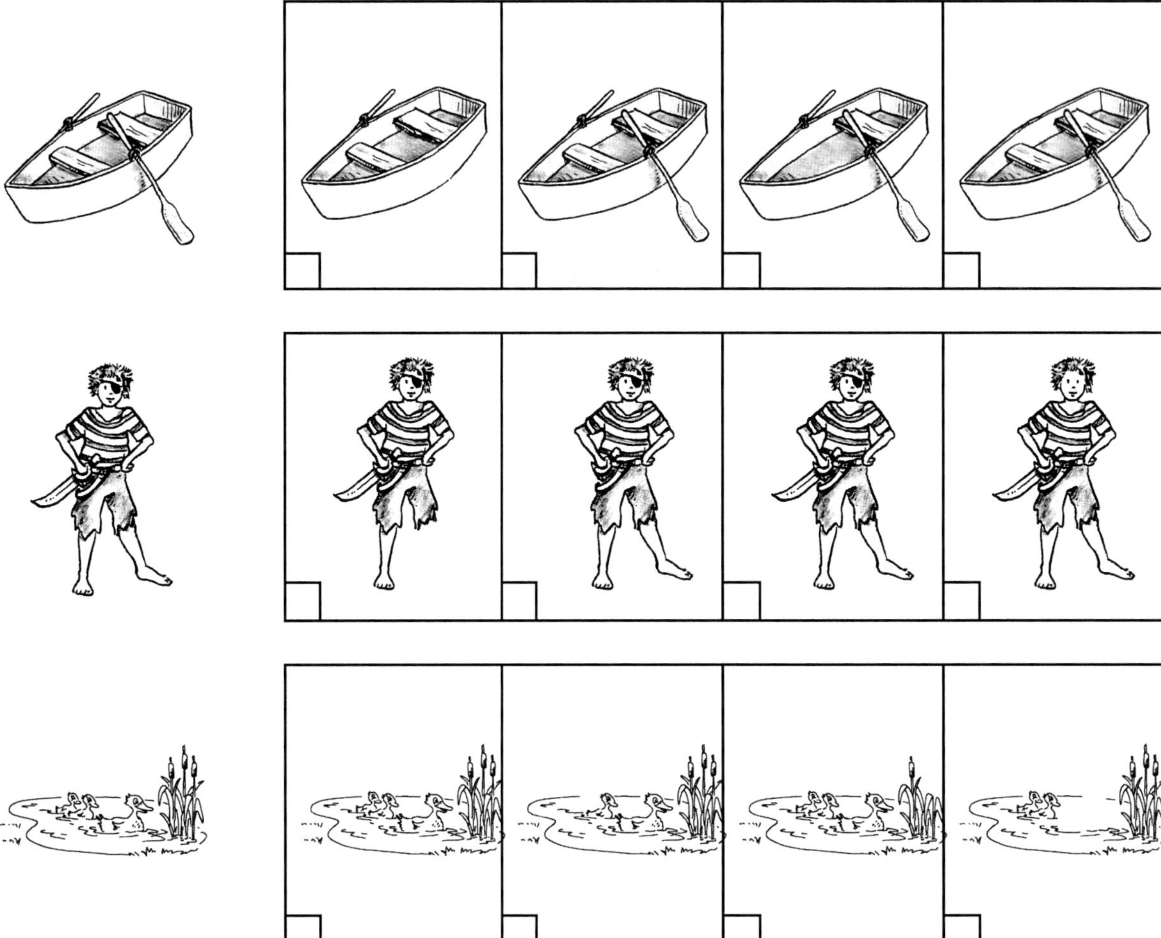

2. Was machst du mit deinen Freunden?
   Male.

Name: ______________________ Datum: ____________

Die Abenteuer der Freunde

Abschnitt 2

1. Die Freunde erleben Abenteuer.
   Verbinde die Wörter mit den richtigen Bildern.

Steine

Verstecken spielen

Boot

Seeräuber

Dorfteich

2. Male ein Abenteuer von dir.
   Schreibe passende Wörter dazu.

3. Erzähle in der Klasse.

Name: ______________________ Datum: ______________

Die Freunde erleben Abenteuer

Abschnitt 2

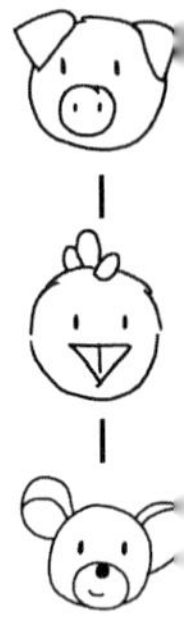

1. Was machen die drei Freunde?
   Schneide die Puzzleteile unten aus. Lege sie richtig zusammen.
   Klebe sie auf ein Blatt.

2. Schreibe ein Abenteuer von dir auf.

Verstecken | spielen

Steine | flippen

erobern

Boot | entdecken

Dorfteich

Seeräuber | werden

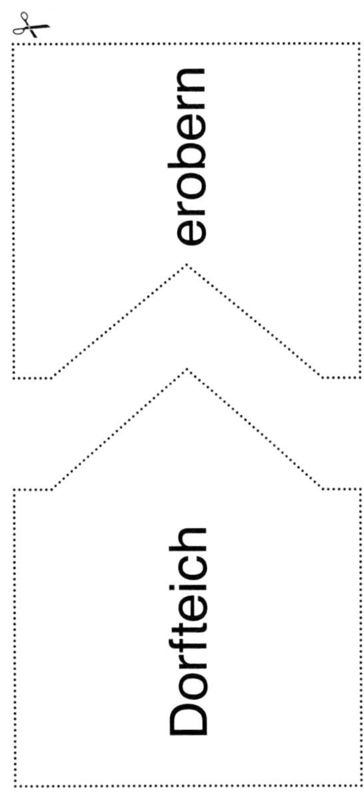

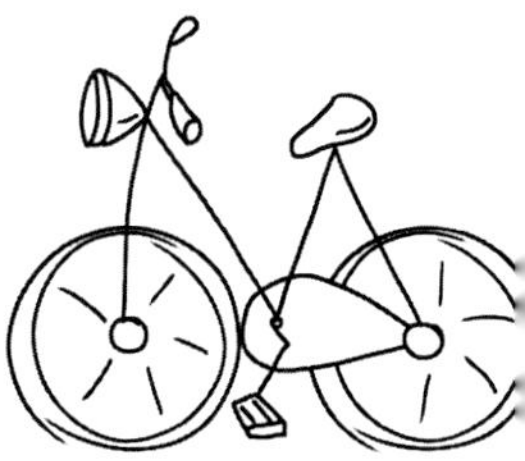

BVK • Christiane Stedeler-Gabriel: Literaturprojekt zu „Freunde“

Name: ______________________ Datum: ______________

Spannende Abenteuer

Abschnitt 2

1. Lies die Sätze.
   Streiche das falsche Wort durch.

   Die Freunde lassen Steine Stäbe flippen.

   Sie spielen Verbrecher Verstecken.

   Johnny Mauser entdeckt ein Boot Buch im Schilf.

   Die Feinde Freunde wollen Seeräuber werden.

   Johnny Mauser steht am Rad Ruder.

   Waldemar verstopft das Loch Lachen.

   Sie erraten erobern den Dorfteich.

2. Ein Seeräuber ist ein ______________________.
   Tipp: Er trägt eine Augenklappe.

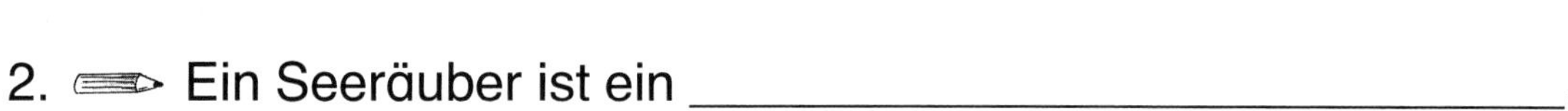

3. Die drei Freunde spielen Verstecken.
   Schaue dir das Bild im Buch an.
   Wo verstecken sich die drei Freunde?
   Schreibe.

4. Schreibe oder male ein Abenteuer von dir und deinem Freund auf ein Blatt.

Name: ______________________ Datum: ____________

So viele Abenteuer

Abschnitt 2

1. Welche zwei Spiele spielen die Freunde zuerst?

2. Was entdeckt Johnny Mauser?

3. Wie fahren die drei Freunde in dem Boot?

4. Hast du alle Wörter verstanden? Kannst du sie erklären?
Verbinde.

sich wagen	Schilf	Seeräuber	auf das offene Waser	Schiffsplanken

	sich trauen	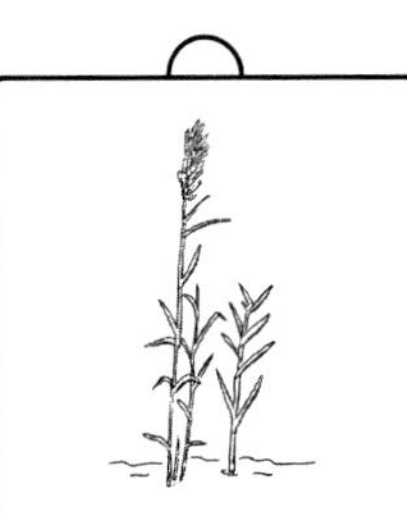		hinaus auf den Teich

5. Hast du auch schon einmal ein Abenteuer erlebt?
Schreibe auf ein Blatt.

Name: ______________________ Datum: ____________

Hunger

Abschnitt 3

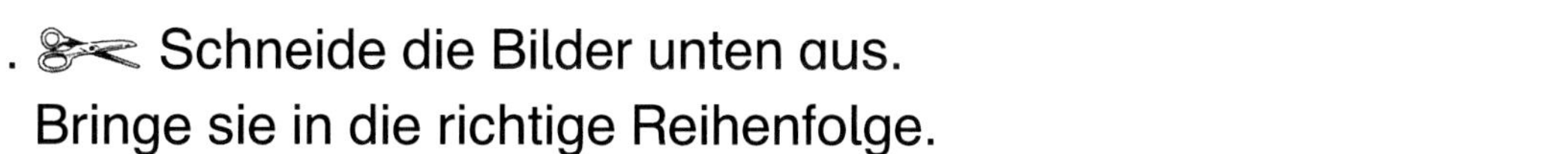

1. Schneide die Bilder unten aus.
   Bringe sie in die richtige Reihenfolge.
   Klebe sie auf ein Blatt.

2. Erzähle, was die drei Freunde machen.

3. Male dein Lieblingsessen in den Kasten.

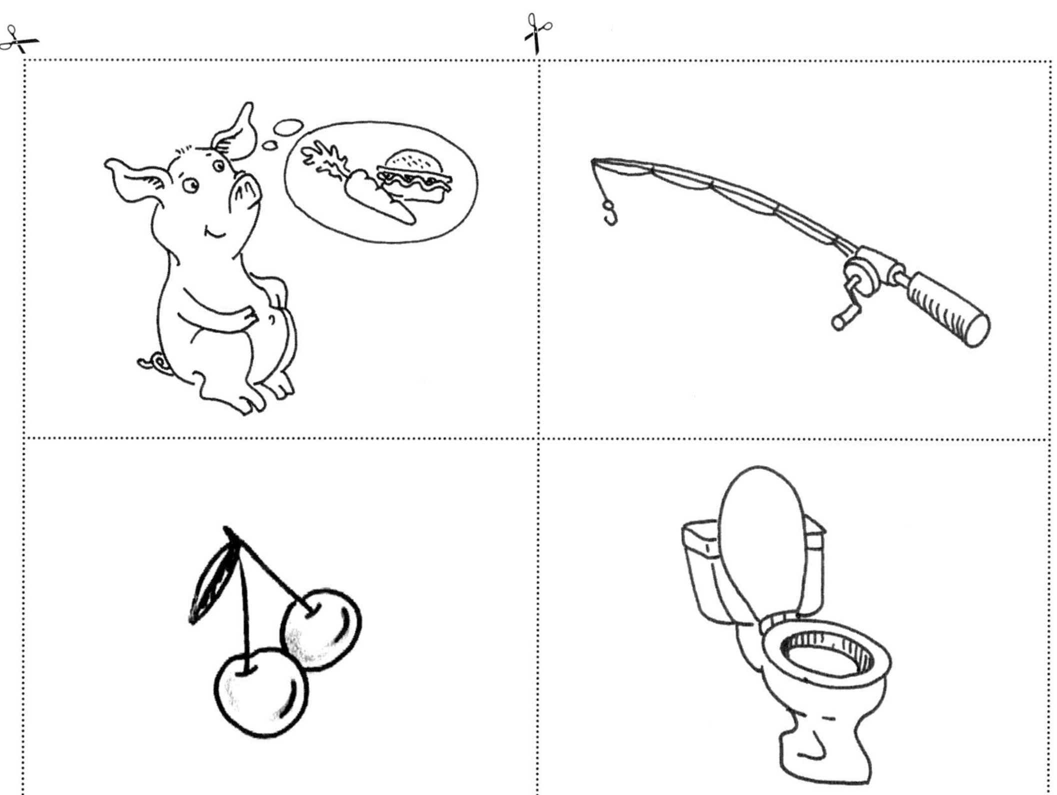

Name: ______________________ Datum: ______________

Die Freunde haben Hunger

Abschnitt 3

1. Welche Wörter passen?
   Verbinde.
   Was erhältst du?

   ____

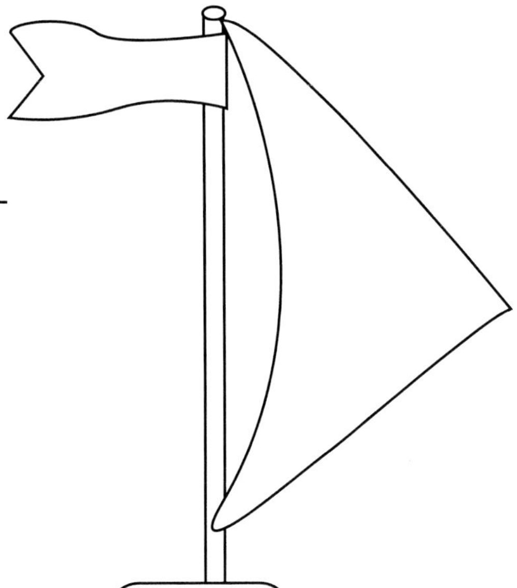

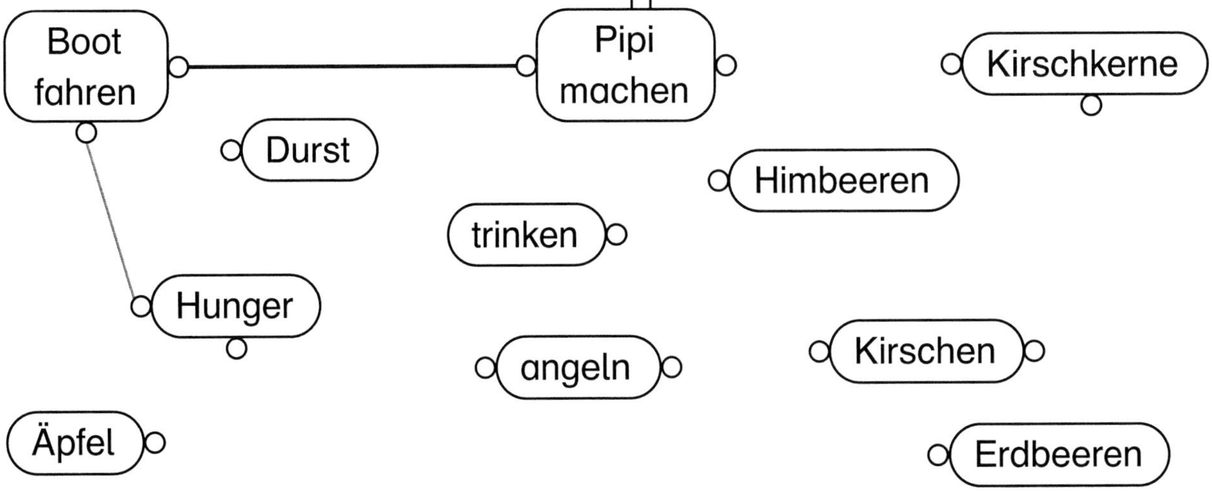

Boot fahren

Pipi machen

Kirschkerne

Durst

Himbeeren

trinken

Hunger

angeln

Kirschen

Äpfel

Erdbeeren

2. Was ist dein Lieblingsessen?
   Male und schreibe.

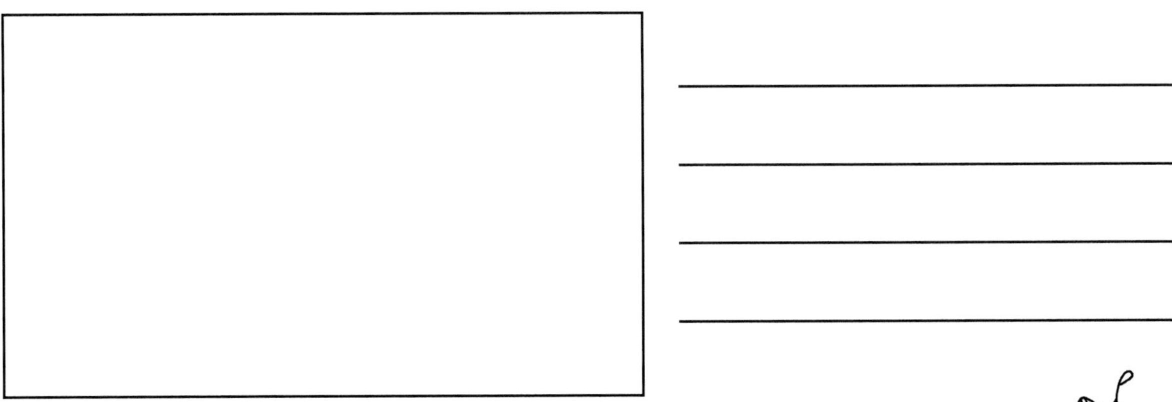

3. Warum beißt kein Fisch an? Überlege mit einem Partner. Schaut das Bild im Buch an.

BVK • Christiane Stedeler-Gabriel: Literaturprojekt zu „Freunde“

Name: ______________________ Datum: ______________

Hungrig

Abschnitt 3

1. Was passiert nun?

   Löse die Geheimschrift.

Die Freunde haben 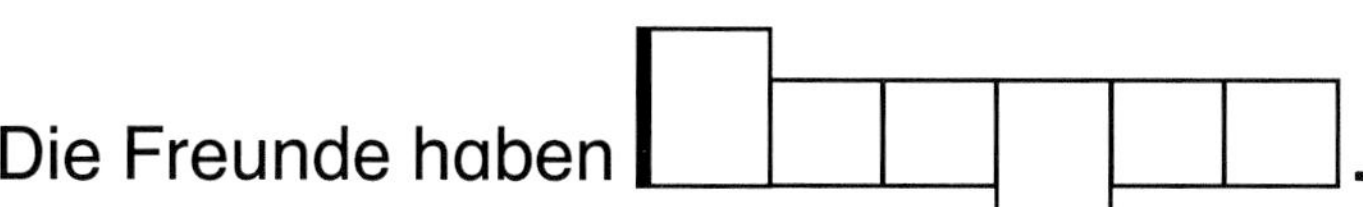.

Sie versuchen zu 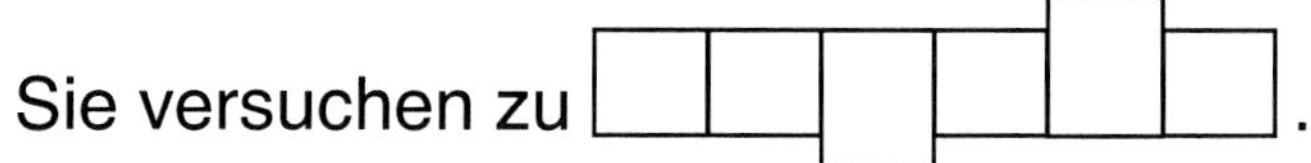.

Dann essen sie 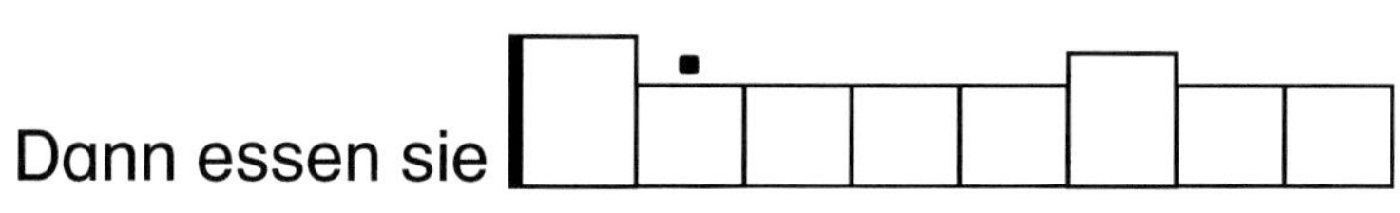.

Die Freunde müssen .

2. Was ist dein Lieblingsessen?

   Schreibe auf.

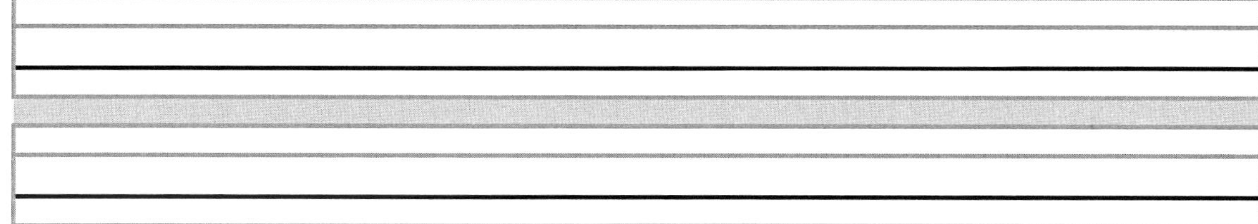

3. Warum beißt kein Fisch an?

   Schaue dir das Bild im Buch an.

   Gib den Freunden einen Tipp.

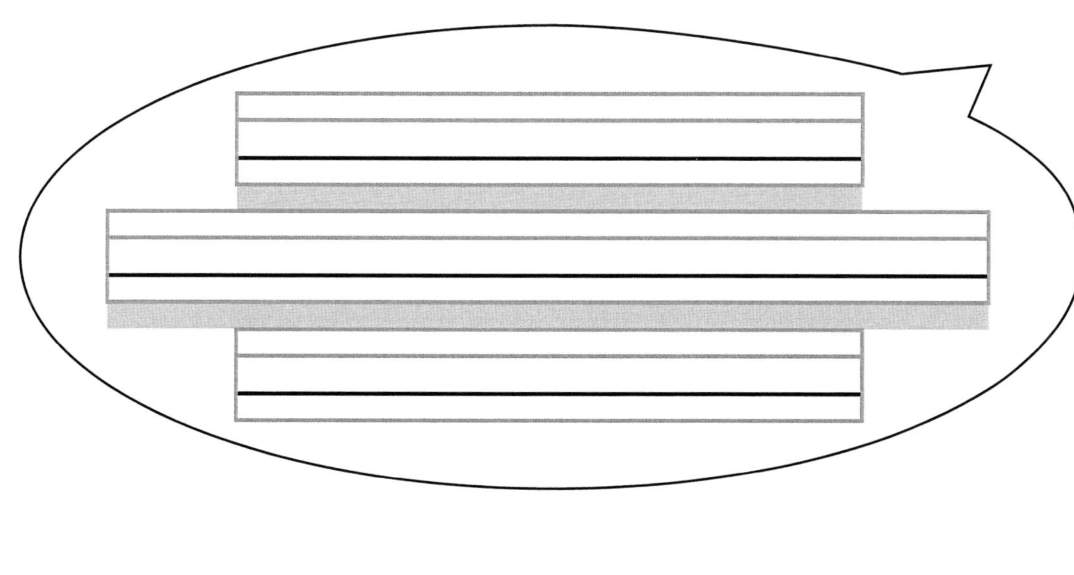

Name: ______________________ Datum: ______________

Essen

Abschnitt 3

1. Richtig ☺ oder falsch 😐 ?

Male an.

Die Freunde haben Durst.	☺	😐
Sie angeln.	☺	😐
Der Schwanz von Johnny Mauser ist die Angel.	☺	😐
Drei Fische beißen an.	☺	😐
Die Freunde essen Kirschen.	☺	😐
Franz von Hahn bekommt auch die Kirschkerne.	☺	😐

2. Warum beißt kein Fisch an?

☒ Kreuze die richtigen Sätze an.

☐ Der Mauseschwanz ist die Angel.

☐ Die Fische mögen keine Würmer.

☐ Franz von Hahn frisst die Würmer.

☐ Die Freunde werfen einen Schatten auf das Wasser.

3. Was isst du am liebsten?

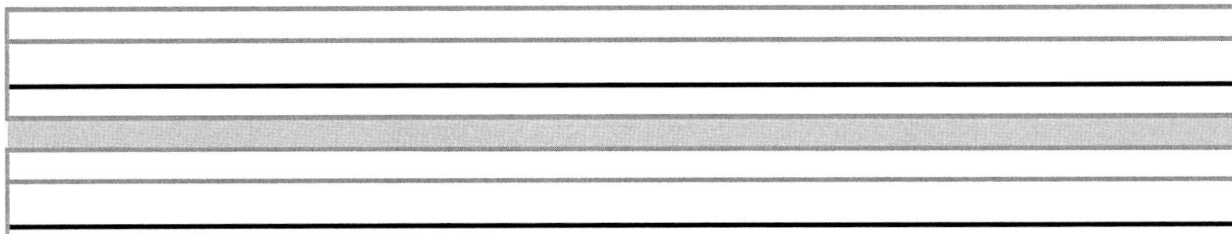

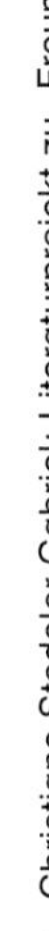

BVK • Christiane Stedeler-Gabriel: Literaturprojekt zu „Freunde“

Name: ______________________ Datum: ____________

Die drei Freunde essen

Abschnitt 3

1. Warum beißt kein Fisch an?
   Schaue dir das Bild im Buch an.
   Schreibe drei Gründe auf.

2. Wie wird die Beute aufgeteilt? Fülle die Lücken aus.
   Die Bilder helfen dir.

   Johnny bekommt ______________________ .

   Franz von Hahn bekommt ______________________ .

   Waldemar darf ______________________ essen.

   Das findet __________ ______ __________ ungerecht.

   Deshalb darf er noch die ______________________ essen.

3. Was ist dein Lieblingsessen?
   Schreibe auf. Schreibe dazu, warum es so gut schmeckt.

Name: ________________ Datum: ________________

Schatten

Abschnitt 4

1. Was gehört zusammen?
   Verbinde.

2. Die Freunde wollen für immer Freunde sein.
   Welche Bilder passen dazu?
   ☒ Kreuze an.

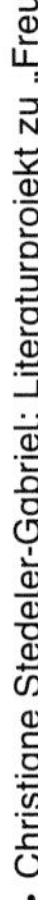

Name: ______________________ Datum: ______________

Die Fahrt nach Hause

Abschnitt 4

1. Kannst du die Wörter lesen?
   Schreibe auf.

2. Erzähle deinem Partner etwas zu den Wörtern.

3. Die Freunde schwören sich ewige Freundschaft.
   Wie lange hält ewige Freundschaft?
   ☒ Kreuze an.

☐ bis zum nächsten Morgen

☐ bis zur vierten Klasse

☐ das ganze Leben

Name: ____________________ Datum: ____________

Es wird Abend

Abschnitt 4

1.  Lies die Sätze.
Verbinde.

Die Schatten	fahren nach Hause.
Die Freunde	schwören sich ewige Freundschaft.
Sie fahren	werden länger.
Die Freunde	zum Hühnerstall.

2. Wann werden die Schatten länger?
☒ Kreuze an.

☐ am Morgen
☐ am Abend

3. Die Freunde schwören sich ewige Freundschaft. Welche Wörter passen?
Male an.

sich gerne mögen

für immer

gemein sein

streiten

kurz

miteinander spielen

sich vertragen

etwas wegnehmen

Name: ______________________ Datum: ____________

Die Schatten werden länger

Abschnitt 4

1. Schaue dir die Wörter an. Schreibe richtige Sätze.

Schatten werden Die länger.

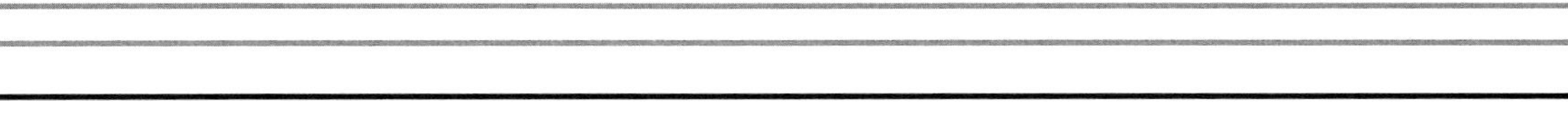

fahren Hause. nach Die Freunde

Sie schwören Freundschaft. sich ewige

2. Wann werden die Schatten länger?
Lies. Mache nach jedem Wort einen Strich | .

ABENDSWERDENDIESCHATTENLÄNGER,
DADIESONNEUNTERGEHT.

3. Was ist ewige Freundschaft? Schreibe auf.

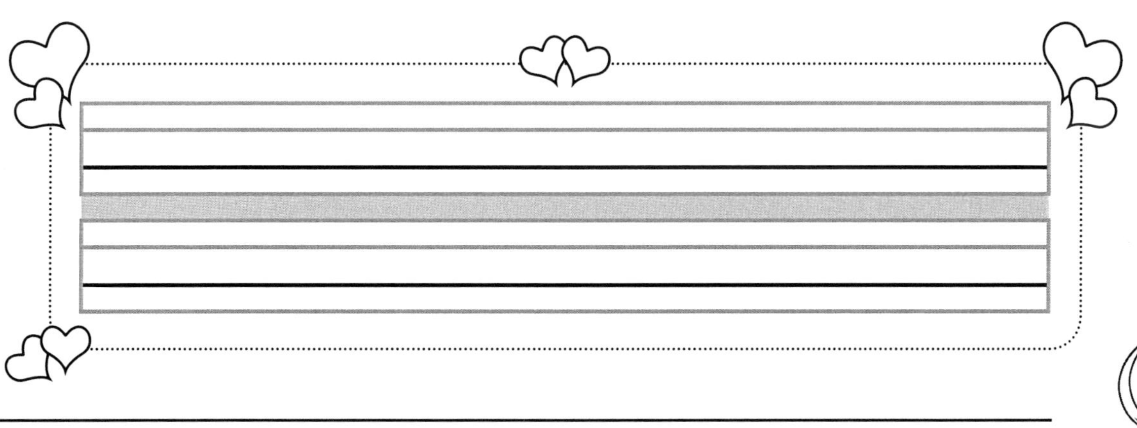

Name: ______________________ Datum: ______________

Ewige Freundschaft

Abschnitt 4

1. Was machen die drei Freunde?
   Schreibe zu jedem Bild einen Satz.

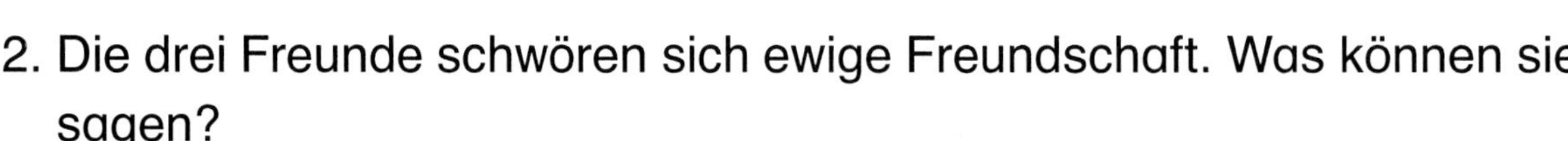

2. Die drei Freunde schwören sich ewige Freundschaft. Was können sie sagen?
   Schreibe in die Sprechblase.

BVK • Christiane Stedeler-Gabriel: Literaturprojekt zu „Freunde“

Name: ______________________ Datum: ______________

Was träumen die Freunde?

Abschnitt 5

Was träumen die drei Freunde?

Male.

Name: ______________________ Datum: ______________

Die Freunde gehen schlafen

Abschnitt 5

1. Was ist das Problem?
   Verbinde.

Mauseloch	stinkt
Schweinestall	zerbricht
Hühnerstange	ist zu klein

2. Wer schläft wo? Schreibe auf.

______________ ______________ ______________

3. Die Freunde haben einen Traum. Was reimt sich auf Traum?
   Kreise ein.

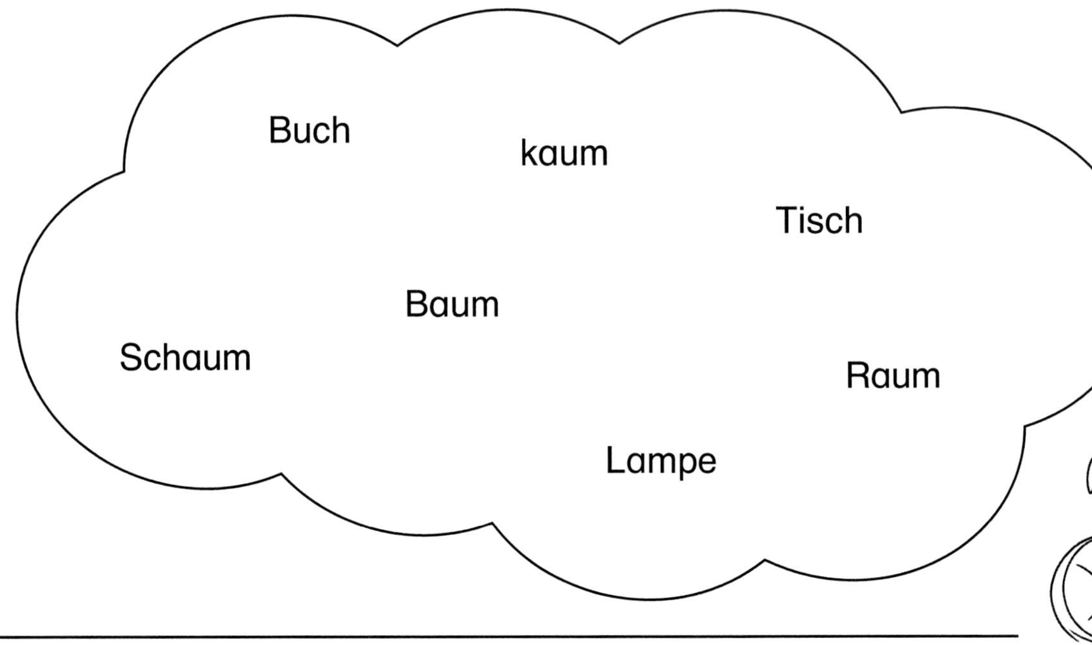

BVK · Christiane Stedeler-Gabriel: Literaturprojekt zu „Freunde“

Name: ______________________ Datum: ______________

Gute Nacht!

Abschnitt 5

1. Welcher Satz passt?
   Nummeriere.

- [ ] Im Schweinestall stinkt es.
- [ ] Das Mauseloch ist zu klein.
- [ ] Sie wünschen sich: „Gute Nacht!“
- [ ] Die Hühnerstange zerbricht.

2. Wohin gehen die Freunde dann? Schreibe auf.

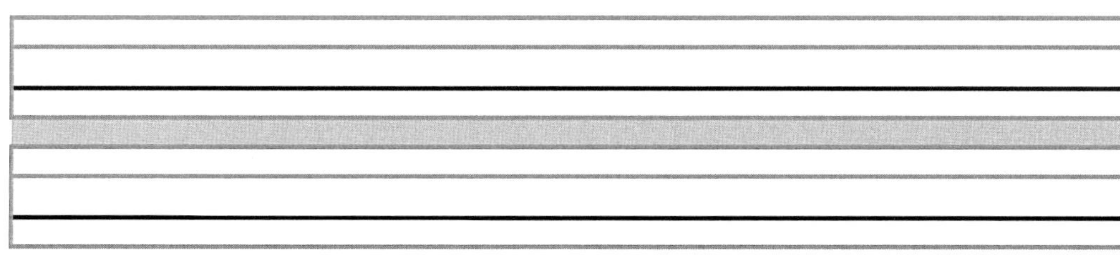

Name: ______________________ Datum: ______________

Die Freunde gehen ins Bett

Abschnitt 5

Löse das Kreuzworträtsel. Du erhältst ein Lösungswort.

a) Bei wem wollen die Freunde zuerst schlafen?
b) Franz von Hahn bleibt hier stecken.
c) Dann gehen sie in den …
d) Die Maus hat eine empfindliche …
e) Sie gehen in den Hühnerstall. Die … zerbricht.
f) Jeder geht in sein eigenes … .

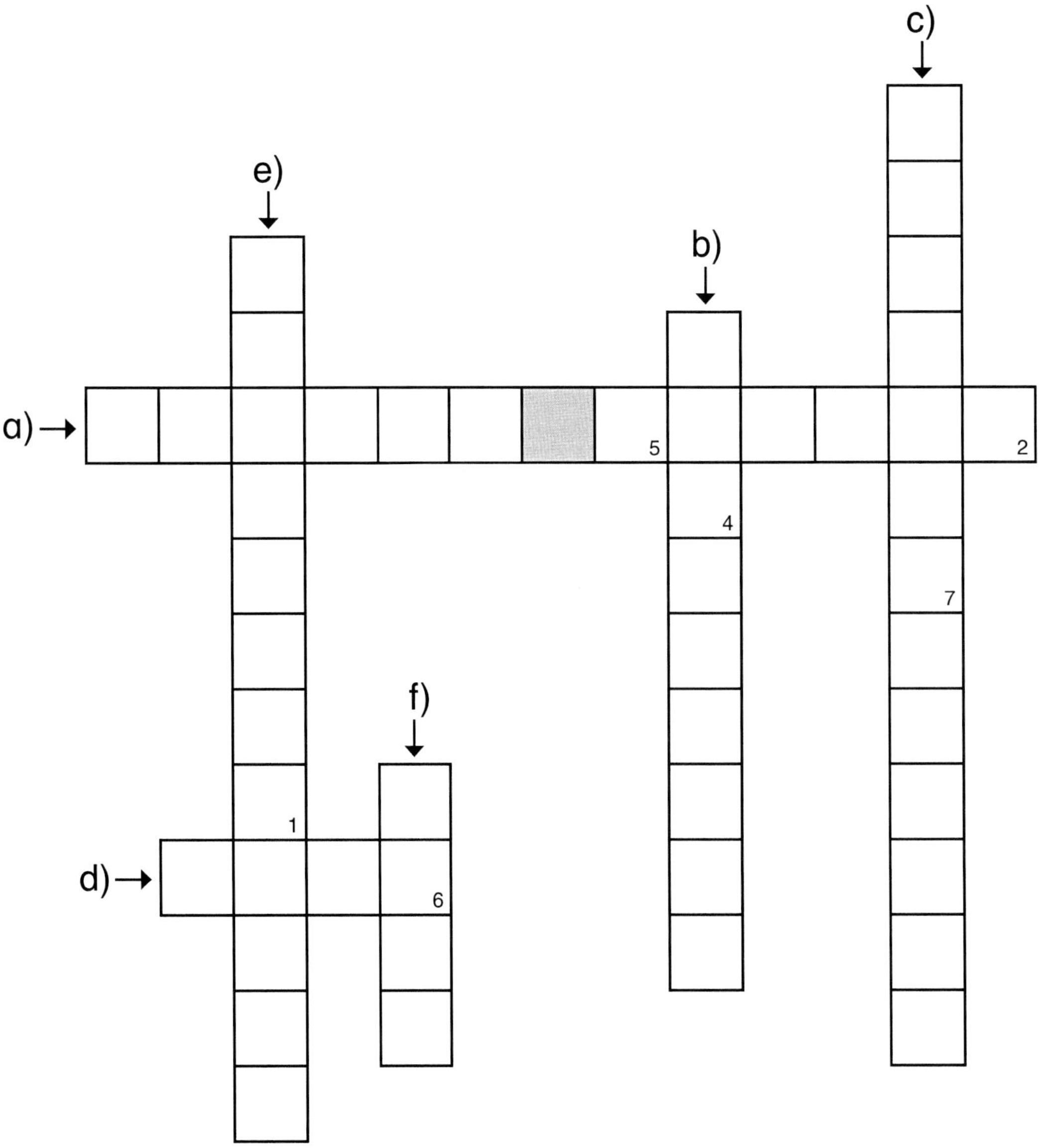

c) ↓

e) ↓

b) ↓

a) →

5

2

4

7

f) ↓

1

d) →

6

Lösungswort: _ _ Ä _ _ _ _
1 2 3 4 5 6 7

Name: ______________________ Datum: ______________

Im Traum

Abschnitt 5

1. Warum können die Freunde nicht bei Johnny Mauser schlafen?

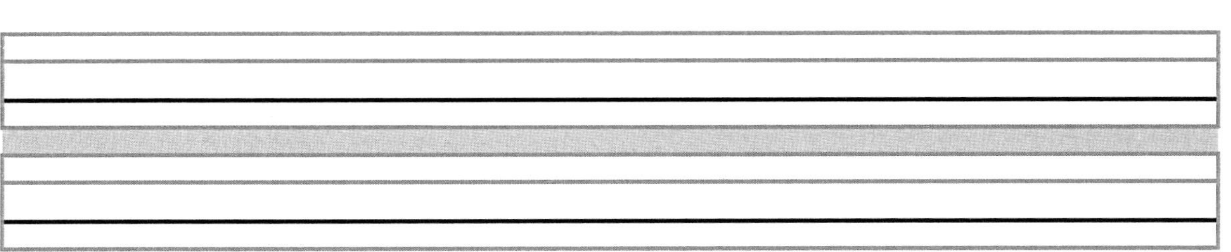

2. Warum können die Freunde nicht bei Waldemar schlafen?

3. Warum können die Freunde nicht bei Franz von Hahn schlafen?

4. Wo schlafen sie dann?

5. Die drei Freunde träumen voneinander. Wovon träumst du?
   Schreibe auf.

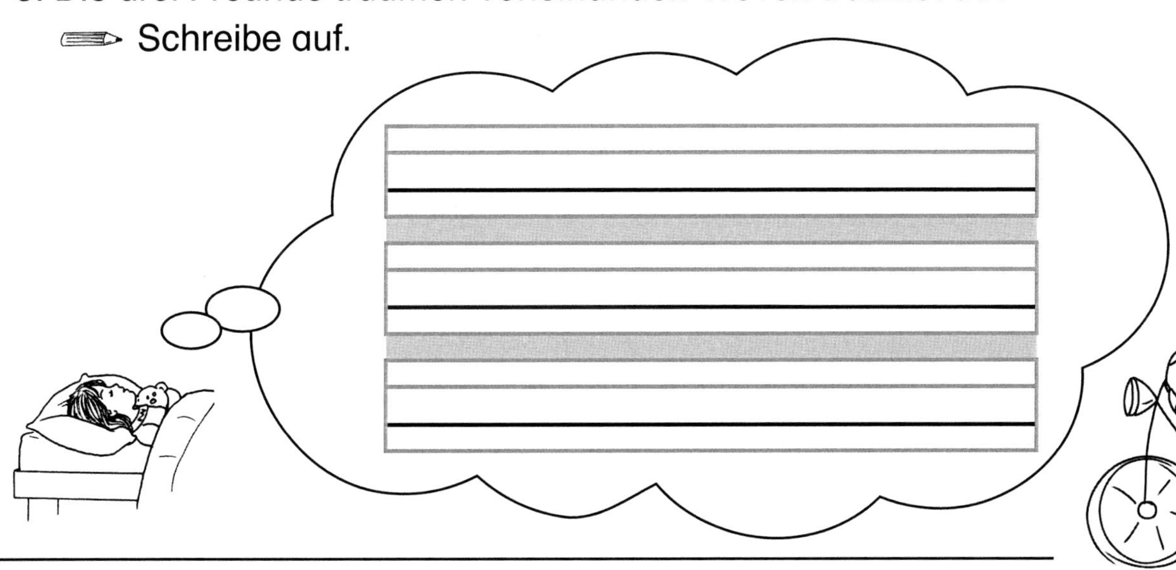

Name: ______________________ Datum: ______________

Wo sind die drei Freunde?

1. Schaue genau.
2. Kreise ein.

Name: ______________________ Datum: ______________

Wörterwerkstatt / Wortspeicher

Schneide die Kärtchen aus.
Lege die passenden Bilder zu den Wörtern.

			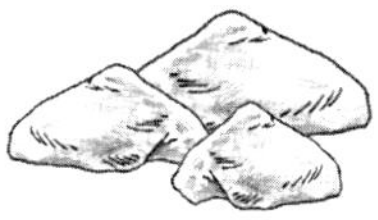
	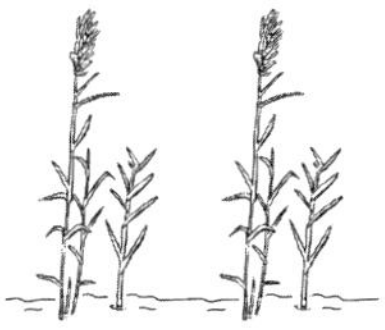		
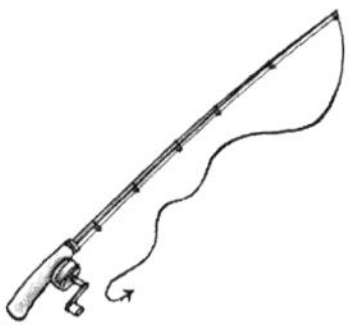			

Freunde	Schwein	Hahn	Maus
Bauernhof	Fahrrad	Teich	Steine
Boot	Schilf	Seeräuber	Hunger
Angel	Kirschen	Schatten	Hühnerstall
Mauseloch	Schweinestall	Hühnerstange	Traum

Name: ______________________ Datum: ______________

Kreatives Schreiben (1): Freunde und Familie

1. Schreibe eigene Sätze.

Mit Freunden kann ich viel lachen.

Mit Papa kann ich gut spielen.

Mit Mama kann ich ______________.

Mit ______________ kann ich ______________.

Mit ______________ kann ich ______________.

Mit ______________ kann ich ______________.

Mit ______________ kann ich ______________.

Mit ______________ kann ich ______________.

Mit ______________ kann ich ______________.

Mit ______________ kann ich ______________.

2. Wie fühlst du dich mit deinem Freund / deiner Familie?
Schreibe in die Herzen.

Kreatives Schreiben (2): Elfchen

1. Lies: Ein Elfchen ist ein Gedicht.
   Man schreibt es so:

Beispiel:

1. Zeile = 1 Wort	→	Thema
2. Zeile = 2 Wörter		
3. Zeile = 3 Wörter	→	das Thema beschreiben
4. Zeile = 4 Wörter		
5. Zeile = 1 Abschlusswort	→	zu dem Thema

Freunde
wie schön
spielen gern zusammen
sind immer füreinander da
wunderbar

2. Schreibe ein Elfchen auf ein Blatt.

Kreatives Schreiben (3): So sind Freunde

1. Schreibe passende Wörter.
   Tipp: Arbeite mit einem Partner.

F ______________________________

R ______________________________

E ______________________________

U ______________________________

N ______________________________

D ______________________________

E ______________________________

2. Male ein Bild von dir und deinem Freund auf ein Blatt.

Name: ________________________ Datum: ____________

Der Autor

Der Autor von dem Buch „Freunde“ heißt Helme Heine.
Ein Autor erzählt gern Geschichten und schreibt Bücher.
Die Bücher von Helme Heine wurden in 35 Sprachen übersetzt.

1. Was ist ein Autor?

____

____

2. Wie heißt der Autor von „Freunde“?

____

3. Wie hat dir das Buch gefallen? ☐  ☐ 

4. Warum? Schreibe einen Satz.

____

____

5. Das Buch „Freunde“ gibt es in verschiedenen Sprachen.
Welche entdeckst du hier? Verbinde.

Spanisch	Türkisch	Englisch	Französisch
Friends	Los tres amigos	Trois amis	Üç Arkadaş

 Forscheraufgabe:
Finde weitere Bücher von Helme Heine.
Tipp: Schaue in der Bücherei oder im Internet nach.

Name: ______________________ Datum: ____________

Interview: Das ist mein Freund / meine Freundin

1. Frage.
2. Schreibe die Antworten auf.

Name: ______________________

Meine Freunde nennen mich: ______________________

Hier wohne ich: ______________________

____

Ich spiele gern: ______________________

Ich esse gern: ______________________

Mein Lieblingstier: ______________________

Ich spreche: ______________________

Name: ______________________

Meine Freunde nennen mich: ______________________

Hier wohne ich: ______________________

____

Ich spiele gern: ______________________

Ich esse gern: ______________________

Mein Lieblingstier: ______________________

Ich spreche: ______________________

Name: ______________________ Datum: ____________

Richtige Freunde

1. Was machen richtige Freunde?
Verbinde.

lügen sich an.

helfen einander.

streiten immer.

träumen voneinander.

Richtige Freunde

streiten und vertragen sich.

beschließen alles zusammen.

spielen zusammen.

teilen.

hauen sich.

2. Schreibe sechs Sätze: Richtige Freunde …

Name: ________________________ Datum: ______________

Bauernhoftiere

1. Welche Bauernhoftiere siehst du?
   Schreibe auf.

w n
ei
Sch

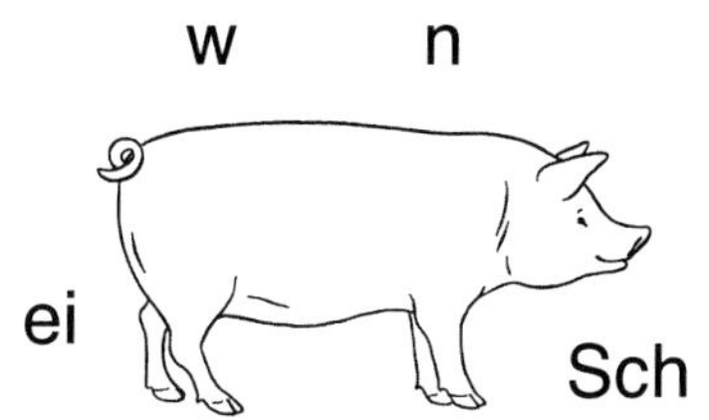

H n
d
u

Pf d
e
r

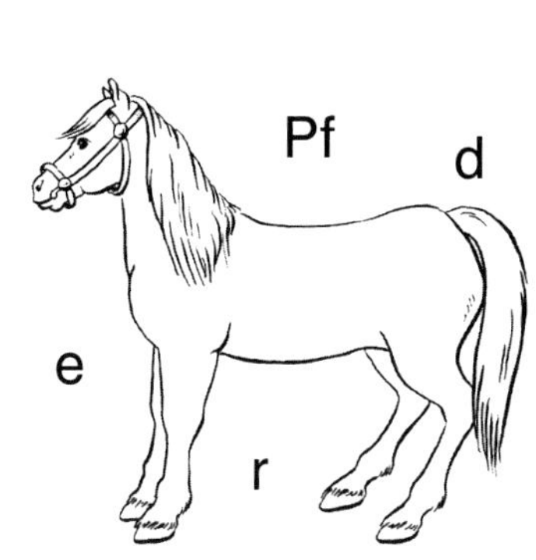

______________ ______________ ______________

h
H
a
n

tz e
K
a

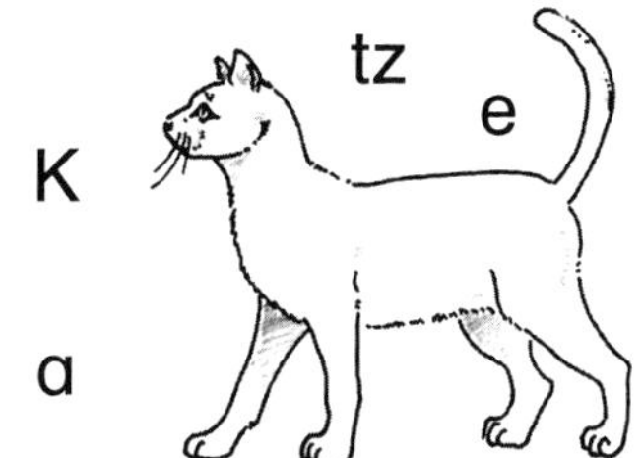

au
s
M

______________ ______________ ______________

Sch
f
a

h u
K

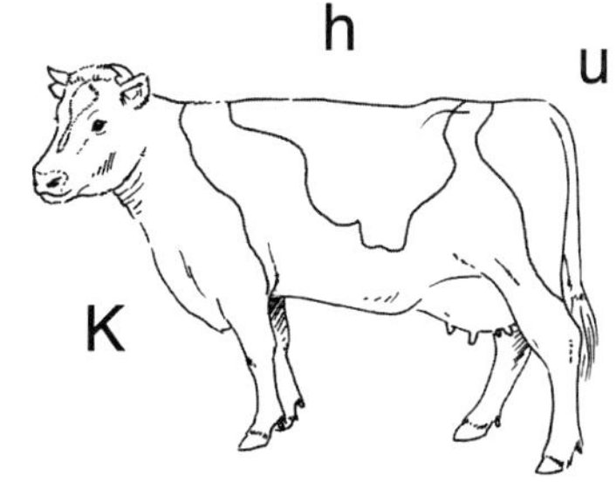

n ch
K n e
i
a n

______________ ______________ ______________

u
n
H h

e g
Z
ie

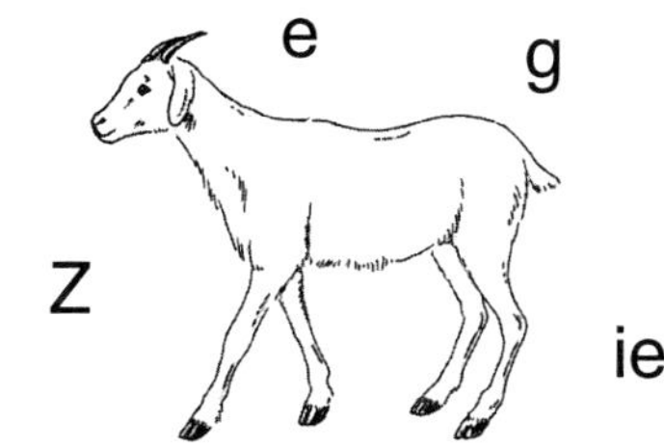

______________ ______________

2. Male die Tiere in den richtigen Farben an.

Name: ____________________ Datum: ____________

Tiere auf dem Bauernhof

1. Lies und ☒ kreuze an.

- ☐ Schwanz
- ☐ Schwein
- ☐ Schwalbe

- ☐ Maus
- ☐ Maul
- ☐ Marder

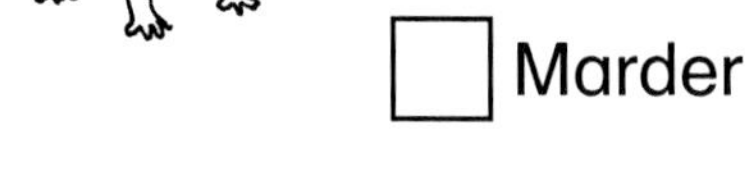

- ☐ Kuh
- ☐ Kahn
- ☐ Küche

- ☐ Hund
- ☐ Hügel
- ☐ Huhn

- ☐ Hanna
- ☐ Hahn
- ☐ Hans

- ☐ Pferd
- ☐ Fahrrad
- ☐ Pfarrer

- ☐ Schuh
- ☐ Schlaf
- ☐ Schaf

- ☐ Zimmer
- ☐ Ziege
- ☐ Zahn

2. Welches ist dein Lieblingstier?

Schreibe.

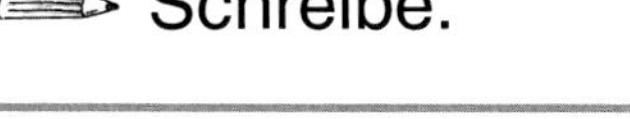

3. Erzähle deinem   Partner.

Gemeinschaftsprojekt: Ein Abenteuer mit einem Freund

Material:

pro Kinderpaar 1 Schuhkarton (entweder von den Kindern mitbringen lassen oder im Schuhgeschäft nachfragen), Bunt- und/oder Filzstifte, ggf. Ölmalkreiden, Wasserfarben, Wasserbecher, Pinsel, Malkittel, verschiedene Papier- und Stoffreste, Bänder, leere Papprollen und Verpackungsmaterialien, Glitzerkleber, Kleber, Knete oder lufttrocknender Ton, Scheren, je nach Abenteuer verschiedene weitere Materialien, zum Beispiel Naturmaterialien (für einen Schuhkarton zu dem Thema „Ausflug in den Wald"), Alufolie (für „Wir tanzen in der Disco"), Blumendraht (um z. B. ein Fahrrad zu biegen) …

Durchführung:

1. Die Kinder finden sich in Zweierteams zusammen und gestalten gemeinsam einen Schuhkarton zum Thema „Ein Abenteuer mit einem Freund". Hierfür sind zunächst Absprachen zwischen den Kindern notwendig, welches Abenteuer sie gestalten möchten und wie und mit welchen Materialien sie es umsetzen können (z. B. Tiere aus Ton/Knete formen, ein Fußballtor aus Draht formen etc.). Diese Übung eignet sich sehr gut, damit sich die Kinder mit verschiedenen Materialien auseinandersetzen, verschiedene Basteltechniken kennenlernen, mit der Schere unterschiedliche Papiersorten zerschneiden, unterschiedliche Mittel zur Farbgestaltung kennenlernen und auf verschiedenen Untergründen ausprobieren (Wasserfarben, Ölmalkreiden, Filzstifte, Buntstifte …) und ihre feinmotorischen Fähigkeiten schulen.
2. Zunächst bemalen oder bekleben die Kinder ihren Karton von innen und außen mit den Farben/Materialien.
3. Während der Schuhkarton trocknet, können die Kinder überlegen, wie sie das Innenleben des Kartons gestalten möchten, und mit den Bastelarbeiten hierzu beginnen. Hierbei werden auch mathematische und (natur-)wissenschaftliche Grunderfahrungen geschult, da die Kinder zum Beispiel schauen/messen müssen, wie groß oder klein manche Gegenstände sein dürfen, um genau in den Karton oder an eine Wand zu passen, auf Größenverhältnisse achten müssen, sich ggf. in Büchern informieren, wie ein Gegenstand genau aussieht …
4. Nach Abschluss der Arbeiten bieten sich folgende Einsatzmöglichkeiten an:
   - Jedes Team präsentiert sein Abenteuer vor der Klasse.
   - Die Schuhkartons werden in der Klasse oder in einer Glasvitrine im Flur ausgestellt und auch den Eltern vorgestellt.
   - Die Kinder schreiben eine eigene Bastelanleitung zu ihrem Schuhkarton.
   - Die Kinder schreiben passende Wörter, Sätze oder einen kleinen Text zu ihrem Abenteuer.

Tipps:

Die meisten Materialien können Sie aus Ihrem Fundus bereitlegen oder – je nach Klassensituation – die Kinder selbst eine Liste mit den Materialien anlegen lassen, die sie für ihr Abenteuer benötigen. Haben sich in der Klasse noch nicht so viele Freundschaften gebildet, können die Kinder alternativ in Partnerarbeit ein neues Abenteuer von Waldemar, Johnny Mauser und Franz von Hahn gestalten. Dabei können auch fantasievolle Abenteuer umgesetzt werden, zum Beispiel die Freunde fliegen zum Mond, machen einen Ausflug in die Stadt/das Dorf der Kinder …

Lösungen

zu S. 13: „Spannende Abenteuer"
Aufgabe 1:
Die Freunde lassen Steine ~~Stäbe~~ flippen.
Sie spielen ~~Verbrecher~~ Verstecken.
Johnny Mauser entdeckt ein Boot ~~Buch~~ im Schilf.
Die ~~Feinde~~ Freunde wollen Seeräuber werden.
Johnny Mauser steht am ~~Rad~~ Ruder.
Waldemar verstopft das Loch ~~Lachen~~.
Sie ~~erraten~~ erobern den Dorfteich.

zu S. 17: „Hungrig"
Aufgabe 1:
Die Freunde haben **Hunger.**
Sie versuchen zu **angeln.**
Dann essen sie **Kirschen.**
Die Freunde müssen **Pipi.**

zu S. 19: „Die drei Freunde essen"
Aufgabe 1:
Johnny bekommt **eine Kirsche.**
Franz von Hahn bekommt **eine Kirsche.**
Waldemar darf **zwei Kirschen** essen.
Das findet **Franz von Hahn** ungerecht.
Deshalb darf er noch die **Kirschkerne** essen.

zu S. 21: „Die Fahrt nach Hause"
Aufgabe 1:
Schatten, nach Hause, Hühnerstall, Freundschaft

zu S. 22: „Es wird Abend"
Aufgabe 1:
Die Schatten werden länger.
Die Freunde fahren nach Hause.
Sie fahren zum Hühnerstall.
Die Freunde schwören sich ewige Freundschaft.

zu S. 23: „Die Schatten werden länger"
Aufgabe 2:
Abends werden die Schatten länger,
da die Sonne untergeht.

zu S. 26: „Die Freunde gehen schlafen"
Aufgabe 1:
Mauseloch → ist zu klein
Schweinestall → stinkt
Hühnerstange → zerbricht

zu S. 27: „Gute Nacht!"

[2] Im Schweinestall stinkt es.

[1] Das Mauseloch ist zu klein.

[4] Sie wünschen sich: „Gute Nacht!"

[3] Die Hühnerstange zerbricht.

zu S. 28: „Die Freunde gehen ins Bett"

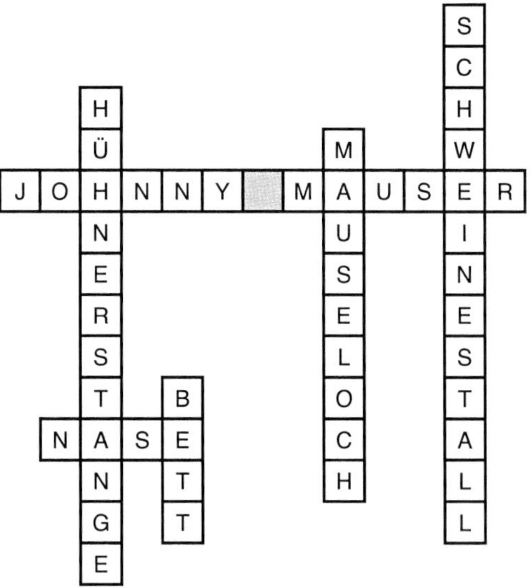

Lösungswort: TRÄUMEN

zu S. 34: „Der Autor"
Spanisch → Los tres amigos
Türkisch → Üç Arkadaş
Englisch → Friends
Französisch → Trois amis